상처 주지 않고 상처받지 않는

비폭력 대화 연습

상처 주지 않고 상처받지 않는

비폭력 대화 연습

김미경·김미화 지음

우리학교

『청소년을 위한 비폭력 대화』출간 이후 초·중·고등학교와 대학교, 도서관, 아트센터 등 다양한 현장에서 비폭력 대화를 알렸습니다. 강의를 진행하는 횟수가 늘어나고 여러 사람을 만나면서 '어떻게 하면 비폭력 대화를 일상적으로 적용할 수 있을까?' 하는 고민이 생겼습니다. 강의에 놀이, 그림, 춤, 호흡 명상 같은 활동과 연극적 요소가 추가되자 재미가 더해지며 참여도가 높아졌습니다.

학생들은 학년이 올라갈수록 움직이는 것을 부담스러워했고 남학생들은 그림 그리는 것, 자신에 관해 말하는 것을 힘들어했습니다. 재미있거나 웃을 수 있는 활동은 김미화 선생님 덕분입니다. 춤이나 명상을 자연스럽게 이어주어서 몸과 마음이 말랑말랑해졌습니다.

다음은 이런 활동을 체험한 학생들의 소감입니다.

'나에 대해서 많은 것을 알게 됐어요. 몸에도 마음에도 날씨가 있다는 것이 신기했어요. 몸이나 마음이 무언가를 말하고 있다고 생각해 본 적이 없었는데, 이젠 그 소리에 귀 기울이게 됐어요.' (고2 여학생)

'학기 초에 이런 활동을 했으면 좋겠어요. 친구들하고 한 번도 안 해 본 이야기들을 나눌 수 있어 정말 좋았어요. '친구들에 대해 더

일찍 알았더라면 좋았을 것을.' 하는 마음이 들어요.' (중2 여학생)

'몸을 움직이고, 내 얘기를 하고, 춤을 추는 거, 모두 하기 싫은 것들이에요. 처음에는 무척 어색했는데 친구들과 함께 하다 보니 재미있기도 하고 특히 내쉬는 호흡이 점점 길어지는 게 놀라웠어요. 몸과 마음이 편해야 비폭력 대화가 가능하다는 것을 알게 되자 이런 활동이 중요하다는 것을 깨닫게 되었어요.' (고1 남학생)

'그림 그리라 해서 부담스러웠는데 전시해 놓고 보니 친구들의 그림이 모두 내 얘기 같아서 재미있었어요.' (중1 남학생)

'친구랑 싸워서 말도 안 했는데 활동을 하다 보니 둘이 손을 잡고 있었어요. 다시 말할 수 있게 되어서 화해는 말로만 하는 게 아니라 몸으로도 할 수 있다는 것을 배웠어요.' (중3 여학생)

'어떤 문제가 생기면 혼자서 끙끙댔는데 이젠 털어놓기로 했어요. 친구들한테, 선생님한테 도움을 청해서 여러 가지 방법을 생각하면 훨씬 나은 결과를 얻을 수 있다는 믿음이 생겼어요.' (중3 남학생)

활동을 통해 학생들은 자기 몸과 마음 상태에 대해서 주의를 기울이게 되었고, 친구들에 관해서도 더 잘 알게 되었다고 말했습니다. 선생님

들은 학생들의 내면을 알게 되니 이해도가 높아졌고 오히려 학생들에게 배웠다고 말했습니다. '몸이나 마음에 빨강불이 켜지면 초록불로 갈 수 있는 방법을 노랑불에서 찾아보려고요. 혼자서 못 찾으면 친구한테 도움을 청할래요.'라고 말한 초등학교 5학년 학생의 말은 오래도록 가슴에 남아 있습니다.

10주년 개정증보판을 펴내며 비폭력 대화를 생활에 적용해 볼 수 있는 워크북을 따로 쓰게 되었습니다. 본권을 함께 읽어 가면서 활동하면 훨씬 효율적입니다. 활동은 혼자서도 할 수 있지만 여럿이 함께 할 때 더 많이 배울 수 있습니다. 친구들의 경험이 길잡이가 될 수 있기 때문이지요.

활동을 진행하시는 분들에게 부탁드립니다.

1. 참가하기를 꺼리는 학생에게는 참관의 기회를 주시기 바랍니다. 다른 활동을 할 때 참관 의사를 물어보시기 바랍니다.

2. 발언을 하고 싶지 않으면 '통과'라고 말할 수 있고, 활동이 부담스러우면 도움을 요청하거나 다른 활동을 제안할 수 있다는 것을 알려 주시기 바랍니다.

3. 활동할 때 지킬 규칙을 미리 정하기 바랍니다.

활동을 하다 의문점이 있으면 저에게 메일을 주시기 바랍니다.

1년 혹은 짧은 활동 기간이더라도 두려움을 사랑으로 만드는 방법을 즐겁게, 신나게 나누시기를 진심으로 바랍니다.

2024년 여름
김미경·김미화

차례

PART 1

비폭력 대화의
첫걸음

내 마음을
내가 봅니다

'나'
나를 소개할게요

여러분은 어떤 사람과 친해지고 싶나요? 내가 하는 말에 귀 기울여
주고, 자신에 관해서 솔직하게 말하는 사람은 어떤가요?

"반가워."와 "고마워." 저글링

준비물: 작은 인형, 공, 오자미 등 주고받을 수 있는 작은 물건.

❶ 인형을 줄 때는 시선을 맞추고 "○○야, 반가워."라고 말하며 상대에
 게 인형을 건넨다.

❷ 받은 사람은 인형을 받으며 "○○야, 고마워.'"라고 답하고 다른 친
 구에게 인형을 넘긴다.

※ 저글링에 참여하는 모두는 누가 인형을 받았는지 못 받았는지를 기억해서 한 번도 인형을 받지 않은 사람에게 인형이 돌아가도록 신경 쓴다.

※ 여러 개의 인형이 동시에 오고 가므로 내가 누구에게 보냈는지, 누구에게 받았는지를 기억하는 것이 중요하다.

※ 내가 인형을 줬던 사람과 나에게 인형을 준 사람을 기억해서 계속 다른 인형을 주고받는다.

✤ 활동

나는 어떤 모습이야? 나 자신을 바라보기

❶ 두 명이 한 조를 만들고 상대방을 그린다.

❷ 이때 오른손잡이는 왼손으로, 왼손잡이는 오른손으로 그린다.

❸ 다 그린 뒤에는 둥그렇게 앉아 친구가 그려준 자기 모습을 보여 주며 소감을 말한다.

마무리 활동

큰 꽃 작은 꽃 만들기

❶ 양팔을 쭉 뻗어 만들 수 있는 최고로 큰 원을 만든다.

❷ 손을 잡을 채로 만들 수 있는 아주 작은 원을 만든다.

❸ 손뼉을 치고 마무리한다.

___

장점

나는 내가 참 좋아요

내가 나를 좋아해야 무슨 일이든 할 힘이 솟고 의욕이 생깁니다. 여러분의 장점을 찾아 물을 주세요. 무럭무럭 자라도록이요.

3분 인터뷰

❶ 두 명이 한 조를 만들고 타이머를 켠 뒤 3분간 상호 인터뷰를 한다.

❷ 이름과 오늘의 느낌, 들으면 기분 좋은 말, 들으면 기분 나쁜 말 등을 묻고 답한다.

❸ 인터뷰가 끝나면 둘러앉아 인터뷰를 한 친구를 소개한다.

❖ 활동 1

내가 참 좋아! 나의 장점 세 가지 말하기

❶ 자신의 장점 세 가지를 적고 그림을 그려 꾸민다.

❷ 한 사람씩 돌아가며 발표한다.

❸ 발표 후에는 여기저기에 그림을 붙여 놓고 돌아다니며 다른 사람의 그림을 둘러본다.

❹ 알고 있는 친구의 장점이 더 있다면 포스트잇에 써서 그림에 덧붙인다.

❖ 활동 2

나의 관심사 세 가지 말하기

❶ 무엇을 할 때 즐거운가? 그 이유를 말한다.

❷ 무엇을 하기 싫은가? 그 이유를 말한다.

❸ 배우고 싶은 것은 무엇인가? 그 이유를 말한다.

❖ 활동 3

나는 이런 사람이 될 거야! 미래의 나 소개하기 (명함 만들기)

❶ 명함의 크기 모양 색깔 등을 자유롭게 선택한다.

❷ 그 안에 들어갈 내용도 자유롭게 정한다.

❸ 명함이 완성되면 전시하고 본다.

등 두드려 주기

❶ 미래의 꿈 자모 순서대로 한 줄로 선다.

❷ 자기 앞의 친구 등을 가볍고 부드럽게 두드려 준다.

❸ 방향 바꾸어 등을 두드려 준다.

'지금'
마음의 날씨를 알아차려요
(내 마음의 기상 캐스터)

    몸에도 마음에도 날씨가 있습니다. 몸이나 마음에 먹구름이 끼면 후회할 말이나 행동을 하게 됩니다.

    일기예보를 보고 우산을 챙기거나 옷차림을 가볍게 하는 것처럼 우리 몸과 마음의 날씨를 안다면 실수나 후회할 일이 적어집니다. 몸과 마음의 상태를 알아차리는 기상 캐스터가 되어 봅시다.

시작 활동

큰 바람이 불어와

❶ 세 명이 한 조를 만들 수 있도록 둘러선 다음 어디에서든 한 사람이 숫자 1을 외치면 시계 방향으로 숫자 2, 3을 차례로 외친다.

❷ 1을 외친 사람과 3을 외친 사람은 '둥지'가 되어 손을 맞잡고, 2를 외친 사람은 '새'가 되어 둥지 안에 들어가 선다. 이때, '새'는 자신이 새인 것을 알리기 위해 두 손을 모아 머리 위에 갖다 대서 볏을 만든다.

❸ 모두 흔들흔들 몸을 흔들면서 "큰 바람이 불어와."라고 외치면 놀이가 시작된다.

❹ 한 사람이 술래가 되어 "새.", "둥지.", "바람." 중 하나를 외친다.

❺-1 '새'를 외치면 새들만 포르릉 날아가 새로운 둥지로 날아간다.

❺-2 '둥지'를 외치면 둥지들은 손을 놓고 다른 둥지와 함께 새를 품는다.

❺-3 '바람'을 외치면 새와 둥지가 모두 움직여 새는 새 둥지에 자리를 잡고 둥지는 새 둥지를 만든다.

　※ 이때 술래가 새나 둥지의 자리를 차지하면 혼자 남는 사람이 새로운 술래가 되어 놀이를 이어간다.

✿ 활동 1
오늘의 날씨를 전해드립니다. 내 상태 설명하기

❶ 몸이나 마음에 먹구름이 꼈을 때 내가 어떻게 반응하는지를 몸으로 표현하고 말로 설명한다.

　※ 오래전 일도 가능.

❷ 모둠원들이 다음 질문에 관한 답을 말하면 4절지 세 장에 각각 돌아가며 적는다.

질문 ⓐ 왜 몸이나 마음이 어떤 상태인지를 살펴야 할까요?

ⓑ 몸과 마음에 먹구름이 끼면 어떻게 말하고 행동하게 되나요?

ⓒ 먹구름을 걷으려면 어떻게 해야 할까요?

❸ 작성을 마친 뒤에 모두 모여 발표한다.

❹ 모둠원들의 답을 적은 4절지를 여기저기 붙여 놓고 돌아다니며 본다.

❀ 활동 2

먹구름 낀 날의 일기. 나의 날씨 일기 쓰기

❶ 활동 1에서 이야기한 것 중 하나를 그림으로 그리고 색칠한다.

❷ 일기를 쓰고 난 후 칠판이나 게시판에 붙인다.

❸ 전시된 친구들의 일기를 읽는다.

마무리 활동

호흡 집중

❶ 서거나, 앉거나, 누운 자세로 두 손을 겹쳐서 아랫배에 두고 호흡한다.

❷ 양다리는 어깨너비 정도로 벌리고 숨을 들이쉬고 내쉰다.

※ 숨은 코로 들이마시되, 코로 내쉬거나 입으로 내쉬는 건 자유.

❸ 배가 불룩해졌다가 가라앉는 것을 느낀다.

❹ 눈은 감거나 코끝을 바라본다.

❺ 계속해서 숨을 천천히 들이마시고 내쉰다.

02

말을 해야
알 수 있어요

갈등

이게 힘들었어요

누군가와 갈등이 생겼거나, 고민이 있을 때 몸과 마음에 먹구름이 낀다는 걸 알았지요? 먹구름을 걷어 내기 위해 갈등이 생기면 나와 상대방이 주고받은 말과 행동을 돌아보고 그에 관해 깊이 생각하는 시간이 필요합니다.

시작 활동

신문지 놀이

❶ 신문지를 몇 장 바닥에 깔아 둔다. 신문지는 배가 된다.

❷ 몇 명이 배에 오를지 외친다. 만약 "두 명."이라고 하면 한 장의 신문지 위에 두 명이 올라간다.

❸ 한 차례가 지날 때마다 배의 수는 줄이고 승선 인원은 늘린다.

❹ 배가 하나 남을 때 까지 진행한다.

❈ 활동 1

나 속상했어. 갈등 상황 인터뷰하기

❶ 둘씩 짝을 지어 서로를 인터뷰한다.

❷ 누구와 어떤 일로 갈등이 있었는지 나눈다.

❸ 구체적으로 언제, 어디서, 무엇 때문에 마음이 상했는지 이야기
한다.

❈ 활동 2

나는 이렇게 했어. 갈등 해결하기

❶ 갈등이 생기면 어떻게 하나? 내가 갈등 상황에서 했던 생각이나
말들을 써 본다. 나는 ⓐ~ⓓ 중 어느 유형으로 반응하는가?

ⓐ 상대방 탓하기	ⓑ 자기 탓하기	ⓒ 피하기	ⓓ 성찰하기
"네가 잘못한 거야." 원인과 책임이 상대에게 있다며 탓한다.	"내가 잘못했어." 원인과 책임이 자기에게 있다며 자책한다.	"……." 일이 커질 것이 두려워 입을 다문다.	'나도 상대방도 무엇을 원하고 있나?' 해결 방안을 생각한다.

❷ 어떤 말을 주고받았나? 갈등 상황에서 주고 받은 말을 생각하며 나와 상대가 했던 말들을 써 본다.

❸ 왜 서로 마음이 상했을까? (도덕주의적 판단, 비교, 강요 당연시 책임 부인) 내가 한 말 상대방이 한 말을 보면서 서로 마음이 상한 이유를 찾는다.

마무리 활동

큰 한숨, 긴 날숨

❶ 배가 불룩해질 때까지 코로 숨을 들이마신다.

❷ 입술을 조금 벌리고 "후." 소리를 내면서 천천히 숨을 내쉰다.

  ※ 내쉬는 숨을 아주 천천히 배가 쑥 들어갈 때까지 길게 내쉰다.

❸ ❶, ❷를 반복한다.

  ※ 내쉬는 숨을 길게 하면 마음이 안정된다.

소통
말하지 않으면 몰라요

"말을 꼭 해야 아나? 그 정도는 당연히 알아야지." 하고 생각한다면 소통은 불통, 울화통이 되기 쉽습니다. 말하지 않으면 모릅니다. 상대방이 말하지 않으면 나도 그 사람 마음을 모르잖아요.

친구 찾기

❶ 바구니에 든 쪽지를 뽑는다.

　※ 쪽지에는 강아지, 고양이, 닭, 거위 등 동물 이름이 적혀 있다.

❷ 눈을 감고 내가 뽑은 동물의 소리를 내며 나와 같은 동물 친구를 찾는다.

❀ 활동 1
아! 그 말 하길 잘했어! 만족했던 대화 돌아보기

말하고 나서 속이 후련했던 경험을 나눈다.

❀ 활동 2
악! 그 말 못 해서 억울했어! 불만족했던 대화 돌아보기

❶ 말하지 못해 억울했던 경험을 나눈다.

❷ 비슷한 일을 겪는다면 어떻게 하고 싶은지 생각해 본다.

❸ "임금님 귀는 당나귀 귀!" 하고 외치듯이 누구에게도 말하기 힘든

  것을 큰 소리로 모두 함께 외친다.

❹ 모두 세 번 큰 소리로 자기가 말하고 싶은 것을 외친다.

❀ 활동 3
앗! 그 말은 하지 말 걸! 후회했던 대화 돌아보기

❶ 말을 하고 나서 후회한 경험을 떠올린다.

❷ 후회한 이유가 무엇인지 생각해 본다.

❸ 어떻게 말하거나 행동했으면 좋을지 생각한다.

❹ ❶, ❷, ❸을 돌아가며 말한다.

　※ 나만의 소통 비결을 나눠도 좋음.

❺ 두 명이 한 조를 만들고 그 상황을 재연한다.

❻ 후회했던 말이나 행동은 바꿔본다.

마무리 활동

"야호!" 외치기

❶ 한 사람씩 돌아가며 크게 소리를 내지르며 동작을 취한다.

　※ "야호!", "이영차!", "파이팅!" 등 어떤 말이든, 어떤 동작이든 자유.

❷ 다른 사람들은 소리와 동작을 따라한다.

03

상처를 주고받는
말을 알아차려요

화(분노)
소방수가 되어 볼까요?

마음에 금이 가면 그 틈으로 짜증이 솟습니다. 짜증은 화로 변하고, 화가 활활 타오르면 불은 관계를 태워 버립니다. 화가 난 것을 스스로 알아차릴 수 있다면, 화재를 진압하는 소방수가 될 수도 있겠지요. 소중한 관계를 지키는 소방수가 되어 불을 꺼 볼까요?

시작 활동

손뼉 쳐서 보내기

❶ 자기 오른쪽 사람과 눈을 맞춘다.

❷ 몸을 살짝 돌려 오른쪽 사람에게 손뼉을 쳐서 건넨다.

❸ 계속해서 같은 방법으로 오른쪽으로 한 번 돌고 왼쪽으로 돈다.

❹ 양쪽으로 한 바퀴씩 모두 돈 뒤에는 아무나 한 사람이 다른 사람과 시선을 맞추고 그 사람을 향해 손뼉을 쳐서 차례를 넘긴다.

❺ 박수를 받은 사람은 다시 다른 사람을 향해 손뼉을 친다.

※ 이때 방향은 오른쪽, 왼쪽, 사선 멀리, 가까이 등 자유.

❖ 활동 1

화가 났어. 객관적으로 되돌아보기

❶ 두 명이 한 조를 만들고 화가 났던 상황을 떠오르는 대로 적는다.

※ 신문 기사처럼 사실만 말한다.

❷ 그때 상대방에 관해 한 생각을 떠오르는대로 적는다.

❸ 다르게 생각할 수 있을지 친구와 나눈다.

※ 서로의 다양한 생각(관점)을 듣는 것에 초점을 둘 것.

❖ 활동 2

내가 원했던 건 ○○○이야. 욕구 파악하기

❶ 활동 1에서 적었던 화났던 상황 중 하나를 택한다.

❷ 의자 다섯 개를 한 방향을 바라보도록 일렬로 놓는다. 한 사람씩 의자에 앉아 질문에 대한 답을 말한다.

※ 선 사람이 질문하고, 앉은 사람이 답한다.

질문 (1) 언제, 누구와, 어떤 일이 있었을 때 화가 났나요?

⑵ 화가 났을 때 상대를 어떻게 비난했나요?

⑶ 상대를 그렇게 비난했을 때, 진짜 원했던 건(욕구) 무엇이었나요?

⑷ 상대방은 어떤 느낌과 필요 때문에 나에게 그런 말과 행동을 했을까요?

⑸ 다시 상대를 만난다면 어떤 말과 행동을 하고 싶나요?

❸ 답을 말하고 자신의 왼쪽 의자로 옮겨 간다.

❹ ⑴~⑸까지 이번엔 질문자와 답변자가 서로 자리를 바꿔 같은 과정을 반복한다.

✿ 활동 3

나는 이럴 때 이래! 감정 들여다보기

❶ 아래 네 칸에 각각 내가 언제 행복하고, 화나고, 편안하고, 우울한지 적는다.

행복할 때	화날 때
편안할 때	우울할 때

❷ 우울하고 화날 때 어떻게 하는지 서로 이야기한다.

❸ 이야기가 모두 끝나면 모두 일어나서 포효하듯 큰소리를 길게 내지르며 제자리에서 높이 뛴다.

긴장 풀기

❶ 신체 어느 한 곳을 정해 힘을 주고 5초간 버틴다.

　　※ 힘을 주는 순서는 목 – 어깨 – 손 – 팔 – 가슴 – 등 – 배 – 엉

　　덩이 – 다리 – 발 순서. 혼자 할 때는 통증이 있는 부위에만 힘을

　　주었다 천천히 푸는 연습을 해도 됨.

❷ 진행자가 "○○에 집중해 보세요."라고 말하면 해당 부위에 힘을 주

　　고 긴장된 근육을 느낀다.

❸ 5초 유지한 뒤 "휴" 하고 소리 내 말하면서 천천히 힘을 뺀다.

걱정

두려움을 작게 만들어요

집에 가기 두려운 날이 있습니다. 학교 가기 두려운 날도 있습니다. 두려움을 마음에 가두면 점점 커졌습니다. 누군가에게 말하니 그것들은 스르르 작아졌습니다.

이름 맞추기

❶ 둥글게 서서 이름이나 별명을 서로 소개한다.

❷ 모둠을 둘로 나누고, 두 모둠 사이를 천(커튼)으로 가려 서로를 보지 못하게 한다. 두 사람은 천을 잡고 있다.

❸ 천을 중심으로 각 모둠원들은 조금 떨어진 곳에 모여 앉는다.

❹ 진행자가 "각 모둠에서 한 사람씩 커튼 앞으로 나오세요. 누가 나오는지 모르게 해 주세요."라고 말하면 각 모둠의 선수는 커튼 가운데 자리를 잡고 앉는다.

❺ 진행자가 "하나, 둘, 셋!"이라고 외치며 커튼을 내리면 각 모둠 선수는 맞은 편 선수의 이름이나 별명을 빨리 말해야 한다.

※ 이름을 맞히는 건 커튼 앞에 앉은 선수만 할 수 있다.

❻ 먼저 상대편 선수의 이름이나 별명을 말한 사람이 이기고, 상대편 선수를 자기 모둠으로 데려온다.

✤ 활동 1

나 무서웠어. 숨은 두려움 찾기

❶ 어떤 일을 할 때 망설이게 되는지, 언제 두려움이나 무서움을 느끼는지 찾아본다.

❷ 망설였던, 두려웠던, 무서웠던 경험을 모둠원들과 나눈다.

> **예시** 높은 곳에 올라갔을 때, 성적표를 받고 집으로 갈 때, 엄마가 아끼는 물건을 깨뜨렸을 때, 여러 사람 앞에서 발표할 때 등.

✤ 활동 2

나 걱정했어. 두려움 사다리 만들기

❶ 사다리를 그리고 아래부터 걱정거리나 두려운 문제를 적는다.

※ 두려움의 강도가 작은 것부터 아래 칸에 적기 시작해 사다리 맨 위층에 가장 두려운 것을 적는다.

❷ 제일 큰 두려움이나 걱정거리가 무엇인지 모둠원들과 나눈다.

❸ 두려움이나 걱정거리를 어떻게 하면 좋을지 모둠원들과 나눈다.

※ 어떻게 하면 하루를 즐겁고 힘차게 보낼 수 있을지 나눈다.

🍀 활동 3

나를 도와줄래? 도우미 친구 만들기

❶ 두려움이나 걱정거리를 머릿속에서 내보낼 수 있도록 도와줄 존 재를 상상한다.

※ 사람, 식물, 물건 등.

❷ 찾기 어려운 경우 동화나 영화 속 캐릭터들을 떠올려도 된다.

※ 요술 방망이, 도깨비감투, 마술 주문 등.

❸ 실물로 만들어도 되며, 두려움이나 걱정거리나 생기면 도우미에 게 무엇을 부탁할지 정한다.

※ 요술 방망이를 휘둘러 걱정을 다른 것으로 만들거나, 도깨비 감투를 쓰고 가고 싶은 곳으로 훨훨 날아갈 수 있음.

❹ 모둠원에게 도우미 친구를 소개한다.

❺ 모두 돌아가며 소개를 마친 뒤에는 자기 도우미 친구 이름을 큰소 리로 세 번 외친다.

들숨에 기쁨, 날숨에 걱정

❶ 눈을 감은 채 숨을 깊게 들이마시고, 천천히 내쉰다.

❷ 호흡에 집중하며 마음이 점차 고요해지는 것을 느낀다. 윗니와 아랫니를 살짝 멀어지게 한다.

❸ 호흡과 함께 편안함이 내 몸으로 천천히 퍼진다고 상상한다. 호흡에 집중하며, 호흡에 따라 입꼬리를 의식적으로 살짝 올리고, 기쁨이 온몸으로 번지는 것에 집중한다.

❹ 들이마실 때 '기쁨'을 내쉴 때는 '걱정'을 속으로 말한다.

사랑

마음이 어디로 가나요?

사랑을 느끼면 어떤가요? 두근두근, 귀도 쫑긋, 마음도 그 사람에게로 기울어집니다. 생각만으로도 입꼬리가 올라갑니다. 발걸음도 가벼워지고 너그러워집니다. 사랑을 어떻게 표현하고 있는지 자신을 관찰해 보세요. 사랑이 흐르고 있나요? 멈추고 있나요?

시작 활동

꼬리가 있다면

❶ 오른손에 붓을 쥐고 있다고 생각하고 붓을 움직여 본다.

❷ 왼손에도 붓을 쥐고 있다고 생각하고 함께 움직여 본다.

❸ 엉덩이에 꼬리가 있다고 생각하고 꼬리를 움직여 본다.

❹ 발바닥에 바퀴가 달려 있다고 생각하고 몸을 움직여 본다.

✤ 활동 1

날 따라 해 봐요. 사랑을 표현하기

아래 (1)~(4)의 행동을 한 사람이 하면 모두 따라서 한다.

❶ 눈으로 사랑을 표현한다.

❷ 입으로 사랑을 표현한다.

❸ 몸동작으로 사랑을 표현한다.

❹ 말로 사랑을 표현한다.

✤ 활동 2

나를 사랑해 준 사람들. 사랑을 떠올리기 1

다음 질문에 관한 대답을 적고 돌아가며 하나씩 말한다.

❶ 나를 사랑해 준 사람은 누구인가요?

❷ 무엇에서 사랑을 느꼈나요?

❸ 지금 그 사람을 떠올리면 어떤 느낌인가요?

❹ 그 사람에게 받은 사랑이 지금 나에게 어떤 영향을 미치고 있
　나요?

내가 사랑한 사람들. 사랑을 떠올리기 2

다음 질문에 관한 대답을 적고 돌아가며 하나씩 말한다.

❶ 내가 사랑한 사람은 누구인가요?

❷ 어떻게 사랑을 표현했나요?

❸ 지금 그 사람을 떠올리면 어떤 느낌인가요?

❹ 그 사람에게 느꼈던 사랑이 지금 나에게 어떤 영향을 미치고 있나요?

마무리 활동

왈츠 댄스

❶ 두 명이 한 조를 만들고 손을 마주 잡는다.

❷ 둘은 한 덩이 구름이 되어 음악에 맞춰서 여기저기 흘러 다닌다.

　※ 서로 눈으로, 손으로, 몸으로 신호를 주고받으며 움직인다.

PART 2

어렵지 않아요!
비폭력 대화법

04

보고 들은 대로 말해요

관찰

찬찬히 자세히 오래 살펴요

말을 하기 전에는 준비가 필요합니다. 본 운동을 하기 전에 준비운동으로 몸을 풀듯이요. 말하기에 앞서 내 마음이 평화로운지도 점검합니다. 상대방이 들을 수 있는 시간, 장소, 상황인지도 살펴 봅니다. 무엇보다 마음의 문을 열기 위해서는 '사실'로 말하는 게 중요하다는 것을 기억하세요.

시작 활동

그대로 멈춰라

❶ 다섯 명이 한 모둠을 만들고 1~5번까지 순서를 정한 뒤, 아래 ❷~
❺ 활동을 같은 음악에 맞춰 한 모둠씩 차례로 진행한다.

※ 활동하는 동안 다른 모둠들은 관객이 되어 지켜볼 것.

❷ 음악이 흐르면 1번부터 차례로 가운데로 나가 자세를 취하고 그대로 멈춘다. 다음은 2번이 1번의 동작을 보고 자신의 동작을 더한다. 같은 방식으로 5번까지 한다.

※ 서로 몸이 닿지 않도록 거리를 둘 것.

❸ 다시 1번부터 자기 동작에서 빠져나와 모둠원들의 동작을 보고 그에 어울리는 자세를 더한다.

❹ 같은 방식으로 5번까지 차례대로 한다.

❺ 1번부터 차례로 자세를 푼다.

※ 멈춰 있던 자세에서 빠져나올 때 다른 사람의 자세를 흐트러뜨리지 않도록 유의.

❀ 활동 1
내가 봤어! 관찰에 관해 말하기

관찰에 관해 자유롭게 이야기한다.

> **예시** 사람이나 사건, 상황을 관찰한 경험이 있는가?
> 누구를 관찰하고 싶은가? 그 이유는 무엇인가?
> 관찰은 언제 필요할까?
> 어떻게 하는 것이 관찰일까?
> 관찰하면 좋은 점이 있을까?

✤ 활동 2

본 것만 말해! 관찰과 생각(평가·판단) 구분하기 1

다음 문장이 관찰인지 평가인지 구분하고 평가는 관찰로 바꾼다.

> **예시** 성격이 까다롭다. (관찰, ⟨평가⟩)
> 성분 표시를 보더니 과자를 쓰레기통에 버렸다.

(1) 내가 말하고 있는데, 수영이가 떡볶이 만드는 법을 이야기했다. (관찰, 평가)

(2) 수업이 지루하다. (관찰, 평가)

(3) 영준이는 잘난 척한다. (관찰, 평가)

(4) 선생님들은 힘든 일은 남학생에게만 시킨다. (관찰, 평가)

(5) 수민이가 "네가 어떻게 그럴 수 있니?"라고 말했다. (관찰, 평가)

(6) 살이 많이 쪘다. (관찰, 평가)

(7) 내가 "영화 보러 가자."라고 카톡을 보냈는데 하루가 지나도록 답이 없다. (관찰, 평가)

✤ 활동 3

평가였다니! 관찰과 생각(평가·판단) 구분하기 2

❶ 포스트잇에 갈등 상황을 떠올리고 관찰자의 시선으로 쓴다.

❷ 친구들과 포스트잇을 돌려 읽으며 평가하는 문장에 밑줄을 긋는다.

※ 읽었을 때 마음이 불편한 구절이 있다면 평가일 가능성이 높음.

❸ 자기 것을 돌려받으면 밑줄 그어진 문장을 관찰로 고친다.

❹ 소감을 나눈다.

마무리 활동

개굴개굴 청개구리

❶ 둥그렇게 모여 서서 진행자가 "오른손 들어."라고 하면 왼손을 내리고, "왼발 내려."라고 하면 오른발을 드는 식으로 지시와 반대로 행동한다.

❷ 진행자의 지시에 어긋난 행동을 한 사람이 새로운 진행자가 되어 활동을 계속 진행한다.

객관화
현미경과 망원경으로 봐요

갈등이 생기면 현미경으로 아주 세세하게 갈등을 들여다보세요. 그 뒤에 망원경으로 아주 멀리서, 마치 다른 별에서 벌어진 일을 보는 것처럼 바라보세요. 갈등을 멀리 떨어뜨려 놓고 보면 때로는 생각보다 작은 일처럼 보이기도 한답니다.

객관적인 장점 찾기

❶ 활동지와 펜을 들고 돌아다니며 가위바위보를 한다.

❷ 이긴 사람은 진 사람의 장점 세 개를 찾아 동그라미를 그려 준다.

　　※ 같은 사람과 다시 만나지 않도록 주의.

❸ 가위바위보를 반복하다가 진행자가 신호를 하면 자리에 앉는다.

❹ 다른 친구가 찾아 준 장점 중 가장 마음에 드는 세 가지를 고른다.

❺ 한 사람씩 ❹에서 고른 자신의 장점 세 가지를 발표한다.

● 활동지

기억을 잘한다	아이디어가 많다	친절하다	말을 잘한다	부탁을 잘 들어준다	힘이 세다
나눠 먹는다	비밀을 지킨다	신중하다	운동을 잘 한다	글을 잘 쓴다	목소리가 크다
협동적이다	인기가 많다	정리를 잘한다	청소를 열심히 한다	글씨체가 바르다	설명을 잘한다
리더십이 있다	긍정적이다	상상력이 풍부하다	차별하지 않는다.	예술적이다	미적 감각이 있다
시간을 잘 지킨다	배려심이 깊다	겸손하다	공정하다	진실하다	끈기가 있다
용기가 있다	친구가 많다	유머가 있다	손재주가 있다	스스로를 잘 가꾼다	경청을 잘한다
솔직하다	잘 도와준다	인사를 잘한다	"고맙다."는 말을 자주 한다	그림을 잘 그린다	의리가 있다
사람들과 금방 친해진다	청결하다	행동이 재빠르다	흥(즐거움)이 많다	똑똑하다	실수하면 곧바로 사과한다
칭찬을 잘한다	친구의 장점을 잘 찾아낸다	주변을 잘 관찰한다	잘 웃는다	적극적이다	요리를 잘한다
친구들과 어울리기를 좋아한다	유머가 있다	차분하다	화가 나도 침착하게 말한다	책을 많이 읽는다	악기를 잘 다룬다

✽ 활동 1
나에게 이런 일이 있었어! 현미경으로 들여다보기

❶ 갈등을 하나 적고 아래 질문을 참고해 갈등 상황 이전 자신의 주변 환경, 몸 상태, 생각, 기억 등을 하나하나 자세히 들여다 보고 종이에 적는다.

(1) 우리 집, 학교에서 어떤 힘든 일이 있었나?

(2)-1 그 일이 있었을 때 내 몸 상태는 어땠는가?

(2)-2 내 마음 상태는 어땠는가?

(3) 갈등 상황 당시 나는 어떤 생각을 했는가?

(4) 상대에 관해 어떤 기억(경험)이 있는가?

(5) 갈등 상황 직전에 어떤 일이 있었는가?

❷ ❶의 활동을 마친 뒤 둘이서 짝을 이루어 이야기를 나눈다.

✽ 활동 2
나에게 이런 일이 있었구나? 망원경으로 떨어져서 보기

❶ 둘이서 짝을 이루어 자기의 갈등 상황을 친구의 이야기를 전하듯이, 혹은 영화 속 한 장면을 묘사하듯이 이야기한다.

※ 이때 갈등 상황에 등장하는 이름은 가명으로 바꿀 것.

❷ 갈등이 있기 전, 갈등의 시작과 끝, 갈등 이후 일어난 모든 일을 구체적으로 말한다.

❸ 번갈아 이야기한 뒤 소감을 나눈다.

❀ 활동 3

이 또한 지나가리라! 10년 후 명상하기

❶ 눈을 감고, 잔잔한 음악 소리에 귀 기울인다.

❷ 내쉬는 숨에 숫자를 붙여 점차 날숨이 길어지는 것을 느낀다.

❸ 몸과 마음이 충분히 차분해지면 진행자가 묻는 다음 질문에 관해 생각한다.

> **질문** "10년이 흘렀습니다. 10년 후에 여러분이 지금 갈등 상황을 떠올린다면 어떤 기분이 들까요? 10년 후 같은 장소에서 여러분과 갈등했던 사람을 다시 만난다면 어떤 말을 하게 될까요?"

❹ 눈을 뜨고 짝과 서로 갈등 상황에서의 상대 역할을 맡아 10년 후 대화를 주고받는다.

❺ 번갈아 역할극을 모두 마친 뒤에 활동 소감을 나눈다.

마무리 활동

혼자 왔어요

❶ 둥글게 둘러서서 아무나 한 사람이 "혼자 왔어요."라고 외치며 혼자 한 발짝 앞으로 나갔다 제자리로 돌아온다.

❷ 바로 양옆 사람은 "둘이 왔어요."라고 외치며 서로의 손을 잡고 한 발

짝 앞으로 나갔다가 제자리로 돌아온다.

❸ 바로 그 옆의 세 사람은 "셋이 왔어요."라고 외치며 셋이 손을 잡고

한 발짝 앞으로 나갔다가 제자리로 돌아온다.

※ 만약 수가 안 맞으면 ❶~❸ 중에서 가능한 행동을 반복한다.

❹ 다시 ❶로 돌아가 활동을 반복하다가 누군가 틀리면 활동을 종료한다.

05

느낌을
말해요

인지

느낌은 신호등이에요

느낌은 신호등입니다. 원하는 것을 충족했을 때는 신호등이 초록색으로 바뀝니다. 녹색등이 켜졌을 때는 편하고, 담담하고, 즐겁습니다. 원하는 것을 충족하지 못했을 때는 빨간색이 켜집니다. 적색등이 켜지면 불편하고, 짜증 나고, 힘이 빠집니다.

시작 활동

느낌적인 느낌

❶ 한 사람씩 어떤 상황을 적어 상자에 담아 준비한다.

※ '맛있는 음식을 먹었을 때', '좋아하는 사람을 거리에서 우연히 마주쳤을 때', '성적표를 받았을 때'처럼 구체적으로 적을 것.

❷ 둥그렇게 원을 만들어 서서 한 사람씩 쪽지를 뽑아 읽고, 그 상황에 관한 느낌을 소리와 동작으로 표현한다.

❸ 다른 사람들은 소리와 동작을 그대로 따라 한 뒤, 표현한 사람이 어떤 감정이었을지 말한다.

✿ 활동 1
느낌 알아맞히기

❶ 두 명이 한 조를 만들고 등을 맞대고 서거나 앉는다.

❷ 한 사람이 등을 움직여서 느낌을 표현하면 다른 사람은 무엇인지 알아 맞힌다.

   ※ 기쁨, 슬픔, 화, 두려움, 사랑 등을 표현.

❸ 한 사람이 다섯 가지 감정을 표현하고 나면, 역할을 바꾸어 동일하게 활동한다.

✿ 활동 2
내 기쁨의 색깔은 분홍이야! 몸에서 느낌 찾기

❶ 세 명이 한 조가 되어 한 사람이 전지에 누우면 다른 사람이 몸의 경계를 따라 선을 그린다.

❷ 몸의 테두리를 모두 그리고 나면 더 구체적인 신체 부위를 추가로 그려 넣는다.

※ 눈, 코, 입, 배꼽, 손가락, 발가락, 무릎 등.

❸ 어떤 감정이 몸 어떤 부분에서 어떤 형태로 나타내는지 적는다.

❹ 각 감정에 따라 다양한 색깔과 모양으로 자유롭게 표현한다.

> **예시** 기쁨 –입꼬리가 올라간다. (분홍)
>
> 화 – 눈꼬리가 올라간다. (오렌지)
>
> 슬픔 – 입꼬리가 처진다. (회색)

❺ 모두 그리고 나면 전시해 두고 다른 모둠의 결과물을 구경하며 소감을 나눈다.

🍀 활동 3

생각은 느낌이 아니라고? 생각을 느낌으로 바꾸기

밑줄 친 말이 느낌인지 생각인지 구분하고, 생각은 느낌으로 바꾼다.

생각일까?	느낌으로 바꾸기
예시 이용당한 느낌이야!	**예시** 속상한, 화나는, 억울한
예시 협박받은 느낌이야.	**예시** 두려운, 꺼림칙한, 걱정되는
예시 친구가 내 흉을 봤다니 배신당한 느낌이야.	**예시** 놀란, 서운한, 속상한, 화나는, 실망스런
번번이 약속을 어기니 짜증스러워.	

내 말에 귀 기울여 주어 존중받는 느낌 이야.	
걔가 차별받고 있는 것처럼 느껴졌어.	
나를 빼고 친구들끼리 만났다니 소외 당한 느낌이야.	
배운 것을 실천할 때는 마음이 뿌듯해.	
"그게 아니야."라는 말을 들었을 때, 무시당한 느낌이었어.	
소리를 지르고 나니 후련하면서도 후 회스러워.	
벽하고 대화하는 느낌이야.	
나를 함부로 대하는 것처럼 느껴져.	
손해 보는 듯한 느낌이야.	
거절당한 것처럼 느껴져.	
내가 부족하다고 느껴져	

내 느낌은 이렇게 생겼어! 느낌 그리기

❶ 지난 며칠을 돌아보며 경험한 여러 느낌을 느낌말 목록을 참고해 찾는다.

❷ 느낌을 모양, 크기, 색을 달리하여 그린다.

   ※ 크레파스나 색연필 등 활용.

❸ 그림 아래에 느낌의 이름을 적는다.

❹ 돌아가면서 그림을 보여 주며 어떤 상황에서 왜 그런 느낌을 느꼈는지 말한다.

마무리 활동

기쁨 표현하기

❶ 둥그렇게 서서 한 사람씩 '기쁨'을 소리와 동작으로 표현한다.

❷ 다른 사람들은 따라서 한다.

06

필요를
말해요

의도

원하는 것을 알아요

귀를 쫑긋하고 몸과 마음이 말하는 소리를 들어 보세요. 여러분의 몸이나 마음이 무엇을 원하고 있는지 알아볼까요?

시작 활동

위시 리스트

❶ 아무나 한 사람이 자신이 원하는 것을 말한다.

> **예시** "이성 친구도 있었으면 좋겠어."
>
> "시험을 잘 보고 싶어."
>
> "오늘 학원을 빠지고 싶어."

❷ 같은 것을 원하는 사람은 "나도!"를 외치며 일어선다.

❸-1 아무도 일어나지 않는다면 말한 사람은 양손을 가슴 위에 겹쳐 놓고 "나만!"을 외친 뒤 다른 필요를 이야기한다.

❸-2 오른쪽으로 돌아가며 활동을 이어간다.

✿ 활동 1

나에게 필요해! 필요 찾기

❶ 필요 목록에서 나에게 필요한 것을 찾는다.

❷ 현재 충족하고 있는 것과 충족하고 싶은 것에 관해 이야기를 나눈다.

✿ 활동 2

내가 바랐던 건 뭐였을까? 의도 알아차리기

❶ 편안한 자세로 척추를 곧게 펴고 앉는다.

❷ 멀지 않은 바닥을 가만히 응시하며 내 안에서 웅성거리는 마음의 소리(느낌, 생각)를 듣는다.

❸ 최근 어디에 갔었는지를 떠올리고 그곳에 간 이유를 생각한다.

❹ 오늘 누군가에게 했던 말과 행동을 떠올리고 그런 말과 행동을 한 이유를 생각한다.

❺ ❸, ❹은 어떤 필요를 충족하고자 했던 것인지 찾아본다.

❋ 활동 3

나는 언제 만족할까? 욕구 알아보기

❶ 괄호안에 느낌을 적어 문장을 완성하고 어떤 욕구가 충족되거나
불만인지 해당하는 괄호 안에 적는다.

> **예시** "파이팅!"이라고 말하는 건 "싸워라!"라고 하는 뜻인데 왜 그 말을
> 하는지 (언짢다).
> (   ) 욕구 충족, (이해) 욕구 불만

⑴ 방 청소를 마치고 나니 (   ).

    (   ) 욕구 충족, (   ) 욕구 불만

⑵ 엄마는 무조건 "괜찮다."라는 말만 해서 (   ).

    (   ) 욕구 충족, (   ) 욕구 불만

⑶ 선생님의 말씀이 머리에 쏙쏙 들어와서 (   ).

    (   ) 욕구 충족, (   ) 욕구 불만

⑷ 혼자 집에 있을 생각을 하니 (   ).

    (   ) 욕구 충족, (   ) 욕구 불만

⑸ 그 사람이 없는 자리에서 그 사람에 관해 안 좋게 말하는 건 (   ).

    (   ) 욕구 충족, (   ) 욕구 불만

⑹ "힘내라."라는 말이 (   ).

    (   ) 욕구 충족, (   ) 욕구 불만

⑺ 왜 그런 말을 했는지 의도를 알 수 없어 (   ).

(　　) 욕구 충족, (　　) 욕구 불만

❀ 활동 4

세 명이 한 조를 만들고 아래 (1)~(10)까지 주제 중 최소 세 가지 혹은 그 이상을 선택해 해당 상황에서 했던 말이나 행동을 떠올려 보고 어떤 욕구를 충족하고 싶었는지 나눈다.

(1) 내 뜻대로 하고 싶어 힘을 사용함.

　　※ 이때 '힘'은 물리적 심리적·지배력을 행사하는 유·무형의 통제, 침묵,

　　　분위기 조성 등을 말함.

(2) 상대 뜻에 따라 힘에 지배됨.

(3) 부탁을 들어줌.

(4) 부탁을 거절함.

(5) 부탁을 못 함.

(6) 누군가에게 충고·조언함.

(7) 친구들 갈등 상황에 끼어듦.

(8) 모임에 참여하거나 불참함.

(9) 좋아하는 마음을 고백함.

(10) 좋아하는 마음을 고백하지 못함.

소원 골인

❶ 원하는 것을 종이에 쓴다.

❷ 둥그렇게 둘러선 뒤, 원 가운데에 큰 바구니나 상자를 놓는다.

❸ 큰 바구니에 한 사람씩 종이쪽지를 던져 넣는다.

❹ 바구니 안에 들어갈 때까지 반복해서 던진다.

수단
방법을 찾아봐요

여러분은 피곤할 때 어떻게 하나요? 억울할 때는요? 피곤하면 쉬고, 억울하면 일기장에든 사람에게든 하소연합니다. 몸과 마음이 원하는 것을 찾아 충족하면 힘이 납니다. 몸과 마음이 가벼워져요. 여러분에게 힘을 줄 수 있는 보물을 찾아보세요!

시작 활동

보물찾기

❶ 돌아다니며 만나는 친구와 반갑게 인사한다.

❷ 친구에게 아래 질문표에 대해 질문을 하고 서명을 받는다.

친구의 보물찾기

이름 :

돌아다니며 질문에 맞는 친구를 찾아 상대방의 서명을 받으세요.

* 해당한다고 생각하는 친구에게 먼저 다가가 물어 보세요.	서 명
1. 책을 많이 읽을 것 같은 사람	
2. 왼손잡이인 사람 또는 양손잡이인 사람	
3. 격려를 잘해 줄 것 같은 사람	
4. 악기를 다룰 것 같은 사람	
5. 다른 사람 말을 잘 들어줄 것 같은 사람	
6. 말보다는 실천이 먼저일 것 같은 사람	
7. 감수성이 풍부할 것 같은 사람	
8. 친구들과 잘 어울릴 것 같은 사람	
9. 춤을 잘 출 것 같은 사람	
10. 함께 있으면 즐거울 것 같은 사람	
11. 불의에 앞장서 맞설 것 같은 사람	
12. 요리를 잘할 것 같은 사람	
13. 얘기를 재미있게 할 것 같은 사람	
14. 부탁을 잘 들어줄 것 같은 사람	
15. 누구에게나 하고 싶은 말을 당당히 할 것 같은 사람	

✿ 활동 1

그러니까 내가 원하는 건! 필요를 충족하기

다음의 상황을 보고 (1) 어떤 느낌인지, (2) 무엇을 필요로 하는지, (3) 필요를 충족하기 위해서는 어떤 수단이나 방법을 사용해야 할지 찾아 본다.

> **예시** 선생님이 내게 질문을 던졌다. 갑자기 머릿속이 하얘졌다.
>
> (1) 느낌: 놀람, 당황, 난처함
>
> (2) 필요: 정서적 안정, 여유, 자기표현
>
> (3) 수단, 방법: "선생님 당황해서 생각이 안 나요. 글로 정리해서 답해도 될까요?"라고 말한다.

❶ 게임을 하고 있는데 부모님이 공부하라고 소리를 지른다.

    (1) **느낌**:

    (2) **필요**:

    (3) **수단, 방법**:

❷ 점심을 혼자서 먹는다.

    (1) **느낌**:

    (2) **필요**:

    (3) **수단, 방법**:

❸ 시험 공부 할 범위가 세 단원이나 되어 '포기할까.' 하는 생각이

든다.

(1) **느낌:**

(2) **필요:**

(3) **수단, 방법:**

❹ 사고 싶은 물건이 있는데 돈이 없다.

(1) **느낌:**

(2) **필요:**

(3) **수단, 방법:**

❺ 친구가 다른 친구에게 내 험담을 했다.

(1) **느낌:**

(2) **필요:**

(3) **수단, 방법:**

🍀 활동 2

나는 이렇게 생각하는데? 관점 바꾸기

❶ 각자 자기가 자주 듣는 말을 떠올리고 쓴다.

> **예시** <u>느리다.</u>

❷ 그 말을 주로 어떤 상황에서 듣고, 들으면 어떤 기분인지 말한다.

예시 식당에서 메뉴를 고를 때 주로 듣고, 마음이 조급해진다.

❸ 각자 자기에게 붙은 그 꼬리표에 대해 다르게 생각해 보고 이야기를 나눈다

예시 느리면 선택에 대해 신중하다.

❹ 그 말을 한 사람이 무엇을 원했을지 생각해 본다.

예시 배고픔을 빨리 해소하고 싶다.

❀ 활동 3
그게 필요했구나! 비난과 자책을 필요로 바꾸기

❶ 누군가에게 했던 평가·비난을 떠올려 본다.

	상황	평가·비난	느낌	내가 원하는 것
(1)				
(2)				
(3)				

❷ 내가 들었던 평가·비난을 떠올려 본다.

	상황	평가·비난	느낌	상대방이 원하는 것
(4)				
(5)				
(6)				

마무리 활동

3분 호흡

편하게 앉거나 누워 양손을 배 위에 얹는다. 배가 불룩해지도록 천천히 코로 숨을 들이마시고 다시 배가 쏙 들어가도록 천천히 코로 숨을 내쉰다. 콧속으로 공기가 드나드는 것을 느낀다. 호흡에 익숙해지면 숨을 내쉬는 동안 숫자를 센다. 내쉬는 숨이 길어지는 것을 느끼며 3분 정도 호흡한다.

07

제대로
부탁해요

판단
부탁과 강요를 구분해요

원하는 것을 충족하기 위해서는 다른 사람의 도움을 받아야 하기도 합니다. 도움을 청할 때는 구체적으로 말해야 상대방이 이해할 수 있습니다. 상대방이 거절해서 마음이 언짢다면 '부탁'이 아닌 '강요'를 한 것입니다.

시작 활동

바나나 술래잡기

❶ "시작!" 하는 소리와 함께 참가자들은 술래를 피해 달아난다.

❷ 술래에게 잡히면 그 자리에 바나나 모양을 유치한 채 멈춰 선다.

❸ 다른 사람들은 술래를 피해 멈춘 바나나의 양팔을 잡고 내려서 자유

롭게 풀어 준다.

※ 이때 반드시 두 명의 사람이 필요하다. 두 사람이 양 팔을 잡아 동시에 내린다.

❹ 모든 참가자가 바나나가 되거나 너무 힘들어 하면 활동을 마친다.

❖ 활동 1
마사지해 주기

준비물: 크림

① 두 명이 짝을 지어 손을 마사지한다.

② 마사지받는 사람은 구체적으로 어디를 어떻게 마사지해 주기를 바라는지 긍정문으로 부탁한다.

③ 마사지하는 사람은 상대에게 부탁받은 그대로 마사지를 해 준다.

④ 역할을 바꾸어 ①~③ 활동을 반복한다.

❖ 활동 2
구체적으로 말해 줄래? 부탁으로 바꾸기

다음 문장이 부탁인지 강요인지 구분하고, 강요나 추상적인 부탁은 구체적인 행동 부탁으로 바꾼다.

예시 간섭하지 마. (부탁, 강요)
내 결정을 존중받고 싶어.

⑴ 수행 평가 채점 기준을 알려 주시겠어요? (부탁, 강요)

⑵ 예의 바르게 행동해라. (부탁, 강요)

⑶ 까다롭게 굴지 마라. (부탁, 강요)

⑷ 나를 좀 이해해 줘. (부탁, 강요)

⑸ 오늘 3교시 교실에서 있었던 일에 관해서 말해 줄 수 있니? (부탁, 강요)

❀ 활동 3
해 줄 수 있어? 이유를 들어 부탁하기

❶ A, B 두 줄을 만들어 서로 마주보고 선다.

❷ A줄에 선 사람이 B줄에 선 사람에게 지금 당장 할 수 있는 말이나 행동 하나를 부탁한다.

> **예시** "웃어줄 수 있어?"
> "큰 소리로 "신난다!" 하고 외쳐줄 수 있어?"
> "내 손을 잡아 줄 수 있어?"

❸ B줄에 선 사람은 부탁을 들어줄지 말지 선택하고, 거절할 때는 이유(내가 원하는 것)를 말한다.

❹ 역할을 바꿔 ❷~❸ 활동을 반복한다.

❺ B줄에 선 사람이 A줄에 선 사람에게 ❷에서와 똑같은 부탁을 하면서 그 이유(필요)를 말한다.

예시 "손이 시려서 그런데, 온기를 느낄 수 있도록 내 손을 잡아 줄 수 있어?"

❻ A줄에 선 사람은 부탁을 들어줄지 말지 선택하고, 거절할 때는 이유(내가 원하는 것)를 말한다.

❼ 역할을 바꿔 ❺~❻ 활동을 반복하고, ❷~❸ 활동을 했을 때와 어떤 차이가 있었는지를 중심으로 소감을 나눈다.

마무리 활동

종 울리기

❶ 종을 하나 준비하고 한 사람씩 종을 울리고 나서 스스로에게 부탁하고 싶은 것을 말한다.

❷ 말을 마칠 때마다 다른 사람들을 박수를 보낸다.

❸ 모든 사람이 한 번씩 돌아가며 말할 때까지 반복한다.

PART 3

나를 위한
비폭력 대화

08

공감하면
친해져요

자기 공감

마음의 방을 청소해요
(마음의 소리 듣기)

마음의 방에는 여러 가지 기억이 뒹굴고 있습니다. '아, 그때 왜 그랬을까!' 하며 후회하는 말이나 행동도 있어요. 과거에 내가 왜 그랬는지, 지금은 왜 후회하고 있는지 알게 된다면 비슷한 일이 벌어졌을 때 다른 말이나 행동을 할 수 있습니다. 마음의 방 청소를 시작해 볼까요?

시작 활동

약점 알리기:
약점이 강점이 되기도 합니다.

❶ 경쾌한 음악을 틀어놓고 분위기를 파티장처럼 만든 다음에, 자기의
   약점을 넓은 라벨지에 적는다.

※ 이때 약점은 스스로 생각하는 것일 수도, 누군가에게 들은 것일 수도 있음.

> **예시** 건망증이 있습니다, 의자가 약합니다, 겁이 많습니다, 고지 식합니다, 거짓말을 잘합니다. 지각을 합니다.

❷ 포스트잇을 이름표처럼 가슴에 붙인다.

❸ 자유롭게 돌아다니며 서로 악수하고 시선을 교환하며 처음 만나는 사람들인 것처럼 자기소개를 한다.

> **예시** "안녕하세요. 저는 건망증이 있습니다. 만나서 반갑습니다."

❹ 음악이 끝날 때까지 계속해서 다른 사람과 인사를 나눈다.

✿ 활동
후회하고 있는 사건? 비포 앤 애프터 연극하기

갈등 상황
(1)

내가 한 말이나 행동	22쪽 참고

(2)	(5) 느낌에 이름 붙이기 원하는 것 찾기
상대가 한 말이나 행동	22쪽 참고
(3)	(6) 느낌에 이름 붙이기 원하는 것 찾기
결과는	
(4)	
내가 원하는 것	부탁 - 상대방에게
(7)	(8)

❶ (1)~(4)를 작성한 뒤 두 명씩 짝을 지어 각자 내가 적은 상황을 설명한다.

❷ 이어서 느낌말 목록과 필요 목록을 참고해 (5)~(8)을 작성한다.

❸ 상황을 비포 앤드 애프터^{Before and After} 연극으로 재현한다.

  ※ 갈등 상황 발생 이전에 해당하는 (1)~(4)를 재현하고 마치면 잠시 멈춘 후 갈등 상황 발생 이후에 해당하는 (5)~(8)을 재현하여 마무리.

❹ **❺**와 연관하여 지금 내가 후회하고 있는 이유를 말한다. 지금이라면 어떻게 할지도 말한다.

❺ 한 사람의 이야기 극이 끝나면 이어서 다른 사람이 이야기 극을 재현한다.

마무리 활동

3단계 호흡

1단계

❶ 숨을 들이마시고 내쉴 때 배가 움직이는 것을 지켜본다.

❷ 눈을 감고 숨을 들이마실 때 배가 불룩해지는 것을 느낀다.

❸ 눈을 감고 숨을 내쉴 때 배가 들어가는 것을 느낀다.

  ※ 코에 손을 갖다 대고 숨을 내쉬면 손에서 호흡을 느낄 수 있다.

2단계

❶ 호흡에 숫자를 붙인다.

  ※ 들숨에 홀수 날숨에 짝수를 붙인다.

❷ 숫자를 몇까지 셀 수 있나 알아본다.

❸ 중간에 잠시 마음이 딴 곳으로 가면 다시 하나부터 시작한다.

3단계

❶ 들숨에 배가 불룩해지는 것을 느낀다.

❷ 날숨에만 숫자를 붙이며 하나부터 열까지 센다.

   ※ 날숨은 배가 쑥 들어갈 때까지 내쉰다.

❸ 익숙해지면 다시 내쉬는 숨에 하나부터 세고, 그 다음 내쉬는 숨은 열부터 하나까지 거꾸로 센다. 같은 방식으로 반복한다.

❹ 중간에 잠시 다른 생각이 들어 숫자를 잊어버리면 다시 하나부터 시작한다.

❺ 호흡을 1분에서 2분, 3분으로 조금씩 늘려간다. (명상이 시작되었습니다!)

상대방 공감
마음의 공간을 넓혀요

내 마음을 제대로 전하지 못하거나 상대방의 마음을 모를 때가 있습니다. 오해가 생겨서 서로 싸우고 사이가 멀어지기도 합니다. 상대방의 말이나 행동이 불편할 때 '왜 저런 말이나 행동을 할까?' 하고 호기심을 가져 보면 어떨까요? 상대방의 느낌을 추측하고 원하는 것을 찾아보고 물어보세요. 내 마음의 공간이 확 넓어집니다.

시작 활동

침묵의 공감

❶ 두 명이 한 조를 만들고 마주 본 두 사람 중 한 사람이 말없이 눈을 감으면 다른 한 사람이 안내자가 된다.

※ 느린 음악에 맞추어 말없이 활동할 것.

❷ 안내자는 눈을 감은 사람을 데리고 뒷걸음질 쳐서 움직인다. 눈을 감은 사람은 안내자를 따라 앞으로 나아간다.

※ 안내자는 눈을 감은 사람이 부딪히지 않도록 손을 잡아당겨서 방향을 알려줄 것.

❸ 눈을 감았던 사람이 눈을 뜨면 자연스럽게 역할을 바꾸어 활동을 반복한다.

활동 1

이해할 수 없었어! 공감의 경험 나누기

공감하기 어려웠던 경험을 친구들과 이야기한다. 왜 공감하기 어려웠는지도 함께 말한다.

활동 2

내 말 듣고 있어? 경청의 중요성 배우기

가. 딴청 부리기

❶ 두 명이 한 조를 만들고 아무나 한 사람이 먼저 하고 싶은 말을 자유롭게 한다.

❷-1 **집중하기** 다른 한 사람은 상대의 표정, 목소리, 호흡, 몸 동작의 변화를 주의 깊게 지켜 본다. 편안하게 상대와 눈을 맞추고 상

대의 신체 언어를 파악해 똑같이 한다.

❷-2 **딴청 부리기** 중간에 시계를 보거나 핸드폰에 시선을 두는 등 딴청을 부린다.

❸ 끝나는 종이 울리면 역할을 바꿔서 활동을 반복한다.

❹ 상대가 잘 들어 주었을 때와 딴청을 부렸을 때 각각 어떤 느낌이 었는지 서로 소감을 나눈다.

나. 그대로 들려주기

❺ 아무나 한 사람이 먼저 하고 싶은 말을 2분 정도 한다.

❻ 말이 끝나면 두 사람 모두 30초 정도 침묵한다.

❼ 침묵이 끝나면 다른 사람은 들었던 말을 그대로 들려준다.

❽ 역할을 바꿔서 활동을 반복한다.

❾ 이렇게 대화했을 때 어떤 느낌이 들었는지 서로 소감을 나눈다.

🍀 활동 3

❶ 세 명이 한 조를 만들고 셋 중 한 사람이 최근에 있었던 일 혹은 공감받고 싶은 것을 말한다.

❷ 나머지 둘 중 한 사람은 말하는 사람의 표정, 목소리, 호흡, 몸동작 의 변화를 지켜 보고, 다 듣고 난 뒤에는 말한 사람의 느낌과 원하 는 것에 대해 자신이 추측한 것을 물어본다.

❸ 다른 한 사람은 말하는 사람과 듣는 사람을 동시에 관찰한다. 말 하는 사람의 변화를 관찰하면서 듣는 사람은 어떤 태도로 듣고 있

는지 지켜보고, 말하는 이의 느낌과 필요를 추측한다.

❹ 역할을 바꿔서 활동을 반복하고 소감을 나눈다.

※ 역할을 바꿀 때는 1분간 침묵할 것.

마무리 활동

길게 내쉬기

❶ 가슴 옆 갈비뼈에 양손을 갖다 대고 천천히 코로 숨을 들이마시며, 가슴이 부풀고 어깨가 넓어지며 갈비뼈가 앞으로 나가는 것을 느낀다.

❷ 천천히 입으로 숨을 길게 내쉬며, 부풀었던 가슴은 제자리로 돌아가고 복부는 풍선에서 바람이 빠지는 것처럼 수축하는 것을 느낀다.

※ 들이마시는 숨보다 내쉬는 숨을 길게 하면 마음이 더욱 편안함.

❸ 큰 소리로 다음 문장을 읽고 마무리한다.

1. 나와 똑같이 다른 사람들도 삶에서 행복을 찾고 있다.

2. 나와 똑같이 다른 사람들도 삶에서 고통을 피하려 하고 있다.

3. 나와 똑같이 다른 사람들도 삶에서 슬픔과 외로움과 절망을 겪어 알고 있다.

4. 나와 똑같이 다른 사람들도 삶에서 원하는 것을 충족하고자 한다.

5. 나와 똑같이 다른 사람들도 삶에서 삶을 배우고 있다.

09

감사하면
삶이 빛나요

연결
감사하면 행복해져요

온전히 혼자서 할 수 있는 일이 있을까요? 걷기? 누군가 길을 만들어 놓았기 때문에 가능한 일입니다. 먹기? 우리가 음식을 만드는 데 사용한 식재료 역시 누군가의 손길을 거쳤습니다. 잠자기? 집과 방, 침대나요, 매일 베고 덮는 침구도 누군가가 만든 것입니다. 우리가 안전과 건강을 누릴 수 있는 것은 많은 사람들의 도움 덕분입니다.

시작 활동

삶의 은인 떠올리기

❶ 가만히 눈을 감고 의자에 앉거나 편하게 눕는다.

❷ 어린 시절부터 지금까지 기억 속에서 감사한 사람을 떠올려 본다.

> **예시** 나를 사랑해 준 혹은 나를 도와준 가족, 친구, 주위 어른,
> 선후배, 동료 누구도 좋음.

❸ 추억 속의 그 사람이 미소를 지으며 나를 향해 걸어오는 모습을 떠올린다.

❹ 은인과 반갑게 인사하고 다정한 눈빛을 주고받은 뒤, 대화를 나누는 모습을 상상한다.

※ 어떤 말을 하고 싶은지 구체적으로 떠올린다.

✤ 활동 1

그때 고마웠어! 고마운 사람에게 편지 쓰기

❶ 어떤 일이 있었는지 떠올린다.

❷ 그 사람이 한 말이나 행동을 글로 적는다.

❸ 그 행동이나 말로 나의 어떤 필요가 충족되었는지 쓴다.

❹ 지금 그것을 생각하면 어떤 느낌이 드는지도 쓴다.

✤ 활동 2

도움이 되었으면 좋겠어! 감사받기

❶ 두 명이 한 조를 만들고 아무나 한 사람이 누구에게 감사받고 싶은지와 그 일을 말한다.

※ 상대방에게 도움을 준 말이나 행동.

❷ 들은 사람은 그 행동이나 말로 상대가 어떤 필요를 충족했을지와 어떤 느낌이었을지 추측한다.

❸ 들은 사람은 말한 사람의 두 손을 잡고 아래 예시와 같이 말한다.

> **예시** "○○야, 너에게 고마움을 전하고 싶어. 그때 네가 한 말이나 행동 덕분에 나는 ○○○을 충족했고 ○○○을 느꼈어. 고맙다."

❹ 역할을 바꿔서 활동을 반복한다.

마무리 활동

모두를 위한 감사와 축원

❶ 두 손을 교차해서 가슴으로 가만히 가져간다.

❷ 눈을 감고 마음속으로 '나는 사랑, 보살핌, 응원을 받고 있다'고 상상한다.

❸ 몸과 마음에서 어떤 느낌이 드는지 살핀다.

❹ 자애로운 마음으로 "건강하기를 바랍니다. 행복하기를 바랍니다. 평화롭기를 바랍니다."라고 속으로 말하거나 나직하게 읊조린다.

❺ 감사를 느끼면서 잠시 그 느낌에 머무른다.

❻ 가족, 친구, 감사한 사람들, 반려동물과 나아가 모든 생명을 차례로

떠올리며 ❹ 축원의 말을 반복한다.

❼ 명상을 마치고 천천히 눈을 뜬다.

존중하며
대화해요

자기 존중
자존감을 키워요

우리는 단 한 번 태어나서 살다 사라지는 존재들입니다. 인류 역사상 나와 같은 사람은 없습니다. 그 누구와도 비교가 불가능합니다. 동시에 우리는 이 드넓은 우주의 티끌이기도 합니다. '평범 속의 비범'을 나에게서 찾아볼까요?

시작 활동

네 편이 될게

❶ 흥겨운 음악에 맞춰 돌아다니며 가위바위보를 한다.

　※ 다른 사람을 만나면 무조건 반갑게 인사할 것.

❷ 가위바위보에서 진 사람은 이긴 사람 뒤에 붙어 기차를 만들며, 앞사

람의 이름을 연호한다.

❸ 기차들끼리 계속 가위바위보를 해서 최종적으로 한 개의 기차가 만들

어지면 맨 앞 사람의 이름을 연호하며 교실 두 바퀴 돈다.

❹ 교실을 다 돌고 난 뒤에 맨 앞사람에게 다른 친구들이 자신의 이름을

연호할 때 어떤 기분이 들었는지 소감을 묻는다.

🍀 활동 1

나 이런 사람이야! 나의 긍정 경험 나누기

❶ 지금의 자신이 할 수 있는 것을 모두 찾아 적는다.

❷ 어린 시절부터 지금까지 했던 자랑스러운, 신기한, 놀라운, 경험을

모두 적는다.

> **예시** 혼자 떡을 사러 갔었다.
>
> 동생을 혼내는 아빠에게 "아빠 화내지 말고 좋은 말로 하세요."
>
> 라고 말했다.

※ ❶, ❷와 관련해 가족이나 친구의 도움을 받아도 됨. (미처 생각

하지 못한 것을 알게 될 수 있음.)

❸ ❶, ❷에서 적은 것을 멋지게 꾸며서 여기저기 전시한다.

❹ 전시된 것을 둘러본 뒤 소감을 나눈다.

이럴 때 즐거워! 삶의 피자 만들기

❶ 하루 동안 하는 일을 적고, 시간을 많이 할애하는 순으로 번호를 매긴다.

❷ 원을 그리고, 원의 중심에서부터 둘레로 선을 그어 부채꼴로 원을 나누며 부채꼴 안에 내가 하는 일을 차례로 적는다.

　※ 삶의 피자를 보면 어디에 시간을 많이 쓰는지, 어떤 시간이 부족한지, 아예 시간을 쓰지 않는 일은 무엇인지 눈으로 확일할 수 있음.

❸ 원을 보고 이번 주에 하고 싶은 일을 하나 찾고, 그 일을 언제 어디서 어떻게 할지 구체적으로 적는다.

　예시 일요일 학교 운동장에서 친구들이랑 축구를 한다.

❹ 모두 둥그렇게 모여 앉아 삶의 피자를 보여주며 실행하고자 하는 일과 기대되는 느낌을 말한다.

너와 나를 응원해! 나만의 에너지 충전소 만들기

❶ 작은 성공 혹은 마음먹은 것을 실천한 사례를 적는다.

　예시 노래 부를 때 고음 내기 성공, 엘리베이터 타지 않고 계단 오르기 실천 등.

❷ 만나면 나에게 힘을 주는 사람과 그 사람을 만나면 왜 힘이 나는지 그 이유를 생각해 자세히 적는다.

❸ 매일 실천하고 싶은 것과 그 이유, 실천 방법을 생각해 적는다.

❹ 나의 능력과 가능성을 인정해 주고 성장을 도와주는 사람들의 명단을 적는다.

❺ ❹의 사람들이 어떤 말이나 행동을 도움을 주었는지 적는다.

❻ ❹,❺를 통해 나에게 어떤 능력이 있는지 적는다.

❼ 나는 누구의 능력과 가능성을 인정하고 도움을 주고 있는지 생각하고 그 명단을 적는다.

❽ ❼의 사람들을 위해 나는 어떤 말이나 행동으로 도움을 주고 있는지 적는다.

❾ ❶~❽을 적으며 알게 된 나의 능력과, 힘이 되는 말들을 눈에 잘 띄는 곳에 붙여 놓고 응원이 필요할 때마다 본다.

마무리 활동

나에게 말걸기

❶ 숨을 크게 들이마시고 천천히 숨을 내쉬는 깊은 호흡을 의식적으로 3번 반복한다.

❷ 마음의 눈을 뜨고 다정한 눈빛으로 스스로를 본다.

❸ 스스로에게 해 주고 싶은 말을 생각하고, 소리 내어 말한다.

❹ 소리를 점점 크게 키워서 세 번 말한다.

※ 힘들거나 괴로운 생각이 떠오를 때 해도 좋음.

청소년을 위한 비폭력 대화 워크북

초판 1쇄 펴낸날　2024년 06월 26일

지은이　김미경, 김미화
그린이　도아마
펴낸이　홍지연

편집　홍소연 이태화 김선아 김영은 차소영 서경민
디자인　이정화 박태연 박해연 정든해
마케팅　강점원 최은 신종연 김가영 김동휘
경영지원　정상희 여주현

펴낸곳　㈜우리학교
출판등록　제313-2009-26호(2009년 1월 5일)
제조국　대한민국
주소　04029 서울시 마포구 동교로12안길 8
전화　02-6012-6094
팩스　02-6012-6092
홈페이지　www.woorischool.co.kr
이메일　woorischool@naver.com

ⓒ 김미경, 김미화, 2024
ISBN 979-11-6755-269-3 43190

만든 사람들
편집　서경민
디자인　이정화